BEI GRIN MACHT SICH
WISSEN BEZAHLT

Murat Ertugrul

Serviceorientierte Architekturen und Webservices

GRIN Verlag

Bibliografische Information der Deutschen Nationalbibliothek:

Die Deutsche Bibliothek verzeichnet diese Publikation in der Deutschen National-
bibliografie; detaillierte bibliografische Daten sind im Internet über http://dnb.d-
nb.de/ abrufbar.

Impressum:

Copyright © 2008 GRIN Verlag GmbH
Druck und Bindung: Books on Demand GmbH, Norderstedt Germany
ISBN: 978-3-640-44528-8

Dieses Buch bei GRIN:

http://www.grin.com/de/e-book/136025/serviceorientierte-architekturen-und-
webservices

GRIN - Your knowledge has value

Der GRIN Verlag publiziert seit 1998 wissenschaftliche Arbeiten von Studenten, Hochschullehrern und anderen Akademikern als eBook und gedrucktes Buch. Die Verlagswebsite www.grin.com ist die ideale Plattform zur Veröffentlichung von Hausarbeiten, Abschlussarbeiten, wissenschaftlichen Aufsätzen, Dissertationen und Fachbüchern.

Besuchen Sie uns im Internet:

http://www.grin.com/

http://www.facebook.com/grincom

http://www.twitter.com/grin_com

„Serviceorientierte Architekturen und Webservices"

Inhaltsverzeichnis

1 EINLEITUNG 3

2 SERVICEORIENTIERTE ARCHITEKTUREN 4

   2.1 BEGRIFFSKLÄRUNG UND DEFINITION 4

   2.2 MERKMALE VON SERVICEORIENTIERTEN ARCHITEKTUREN 5

   2.3 PRINZIP UND AUFBAU VON SERVICEORIENTIERTEN ARCHITEKTUREN 6

3 WEBSERVICES 8

   3.1 BEGRIFFSKLÄRUNG UND DEFINITION 8

   3.2 MERKMALE VON WEBSERVICES 10

   3.3 ARCHITEKTUR UND FUNKTIONSWEISE VON WEBSERVICES 11

4 FAZIT UND AUSBLICK 13

LITERATURVERZEICHNIS 14

Abkürzungsverzeichnis

FTP	File Transfer Protocol)
HTTP	Hypertext Transfer Protocol)
XML	Extensible Markup Language)
SaaS	Software as a Service
SMTP	Simple Mail Transfer Protocol)
SOAP	Simple Object Access Protocol)
TCP/IP	Transmission Control Protocol / Internet Protocol)
UDDI	Universal Description, Discovery and Integration)
WSDL	Web Service Description Language)

1 Einleitung

Serviceorientierte Architektur und Webservice sind gängige Schlagworte in der IT-Branche. Auch Unternehmen erkennen die Chancen der Entwicklung. Unter den Zielen befinden sich neben rein betriebswirtschaftlichen Nutzen, wie etwa

- IT-Kosteneinsparung durch Wiederverwendung von Services[1]
- Kunden- und Marktaquisitionen

auch informationstechnische Vorteile, wie etwa

- Geringerer Entwicklungsaufwand
- Leichtere Wartbarkeit
- Flexibilisierung bestehender Prozesse
- Höhere Agilität, Flexibilität und Sicherheit.[2]

Dieser Trend lässt sich auch an nachfolgendem Diagramm veranschaulichen, in dem der aktuelle Stand und die Investitionen in serviceorientierte Architekturen gezeigt werden.

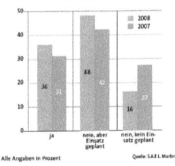

SOA: Marktreife
Wird in Ihrem Unternehmen eine SOA eingesetzt?

Alle Angaben in Prozent   Quelle: S.A.R.L Martin

Abbildung 1: Ergebnis einer Studie zum Thema serviceorientierte Architekturen[3]

In dieser wissenschaftlichen Arbeit geht es mir um einen Überblick über das Thema serviceorientierte Architektur und Webservices. Dabei behandle ich folgende Fragestellungen:

- Was versteht man unter dem Begriff serviceorientierte Architektur?

---

[1] Vgl. Sondermann Karin, Ott Felix, Vollmar Friedrich: Nutzen und Notwendigkeit, httpi/soaknow-how.de/index.php?id=45&txbccatsandauthors[catid]=14, Abrufdatum: 07.02.2009, Ausdruckdatum: 07.02.2009

[2] Vgl. Eilers Markus: SOA (Serviceorientierte Architektur), o.O 2006, httpi/www.itxg.com/cms/fileadmin/assets/download/itxsoa2006-10-18.pdf, Abrufdatum: 07.02.2009, Ausdruckdatum: 07.02.2009

[3] Aus: Martin Wolfgang, Repp Nicolas, Fritsch Werner: SOA etabliert sich, o.O. 2008, http://www.informationweek.de/soa/showArticle.jhtml?articleID=212101143&pgno=1, Abrufdatum: 07.02.2009, Ausdruckdatum: 07.02.2009

3

- Wie kann man eine serviceorientierte Architektur anhand von Merkmalen charakterisieren?

- Wie ist eine serviceorientierte Architektur aufgebaut und wie funktioniert diese?

- Wie ist der Begriff Webservice definiert und was kennzeichnet Webservices?

- Welche Komponenten haben Webservices und wie funktionieren diese?

Diese Fragen werde ich im Laufe der Arbeit beantworten und mit Quellen aus Literatur, Zeitschriften und dem Internet hinterlegen.

In den beiden folgenden Kapiteln werde ich näher auf serviceorientierte Architekturen und Webservices eingehen. Abschließend werde ich ein Fazit vornehmen und einen kurzen Ausblick darlegen.

Die Vorgehensweise der Arbeit orientiert sich am Grundsatz vom Allgemeinen zum Besonderen. Insofern werde ich zunächst das IT-Konzept serviceorientierte Architekturen behandeln und darauf aufbauend die darin enthaltene Technik, die Webservices, genauer beschreiben.

2 Serviceorientierte Architekturen

Die wissenschaftliche Arbeit beginne ich mit der Erarbeitung von

serviceorientierte Architekturen, da diese eine Art Konzept darstellen. Dieses lässt sich in der Praxis mithilfe der Webservices umsetzen. Insofern stellen diese eine Möglichkeit der Implementierung von serviceorientierte Architekturen dar. Die aufeinander aufbauende Gliederung bietet sich daher an.

2.1 Begriffsklärung und Definition

„Eine **service-orientierte Architektur** (engl.: service oriented architecture, Abkürzung: SOA) ist eine Form einer verteilten Informationsarchitektur, deren Fokus auf der *Ankündigung*, dem *Auffinden*, und *dem dynamischen Aufrufen* von *hoch stehenden, anwendungsnahen* und *in sich abgeschlossenen Diensten* liegt."[4] Nach Hansen und Gustaf kann man mit

serviceorientiere Architekturen Dienste dynamisch finden und nutzen. Diese werden als hoch stehend, anwendungsnah und in sich abgeschlossen beschrieben. Eine andere Umschreibung dafür ist, dass diese Dienste einsatzfähige Funktionalitäten bereitstellen, die auf höheren

Schichten, wie etwa der Applikationsschicht und Anwendungsschicht, angesiedelt sind.

---

[4] Hansen Robert Hans, Neumann Gustaf: Wirtschaftsinformatik 2 –Informationstechnik, 9., neu bearbeitete Auflage, Stuttgart 2005, Seite 782

Im engeren Sinn sind serviceorientierte Architekturen ein Konzept einer logisch verteilten Informationstechnologie. Darin können autonome, plattformunabhängige Module und Dienste zu kollaborativen Applikationen vernetzt werden.[5]

Diese Module und Dienste unterliegen einer losen Kopplung, sind wiederverwendbar und erfüllen Standards. Damit kann man oben genannte kollaborative Applikationen schneller und leichter an geänderte Anforderungen anpassen.[6]

Eine mehr betriebswirtschaftlichere und praxisnahe Begriffsbeschreibung liefern Beckert, Moser, Sondermann, Vollmar und Ziegler in ihrem Kapitel SOA Definition und Abgrenzung auf http://www.soa-know-how.de.

„Eine Service-orientierte Architektur (SOA) ist ein Konzept, welche das Geschäft und die IT eines Unternehmens nach Diensten strukturiert,

welche modular aufgebaut sind und flexibel zur Umsetzung von Geschäftsprozessen genutzt werden können ."[7]

Dabei wird eine serviceorientierte Architektur und die darin bereitgestellten Dienste für die Umsetzung von einem Geschäftsprozess genutzt. Ebenso wird in dieser Definition Wert darauf gelegt, dass eine SOA ein Konzept ist.

Dies besagt implizit, dass die Implementierung von serviceorientierten Architekturen mit verschiedenen Methoden geschehen kann. Eine dieser Methoden stelle ich in Kapitel drei vor, die Webservices.

2.2 Merkmale von serviceorientierten Architekturen

In diesem Kapitel werde ich die grundlegenden Merkmale von serviceorientierten Architekturen nennen und beschreiben. Aufgrund des nicht eindeutig definierten Konzepts von SOA treffen die Merkmale unterschiedlich stark auf die gefundenen Definitionen zu. Folgende

charakteristischen Merkmale stehen für serviceorientierte Architekturen.

---

[5] 5 Vgl. Abramowicz Witold, Eymann Torsten: Serviceorientierte Architekturen und Webservices, in: Wirtschaftsinformatik, hrsg. von Buhl Ulrich Hans, König Wolfgang, 50. Jg., Januar 2009, S. 1-3

[6] 6 Vgl. SOA, http://www2.informationweek.de/soa/ , Abrufdatum: 14.02.2009, Ausdruckdatum: 14.02.2009

[7] 7 Beckert Sebastian, Moser Joachim, Sondermann Karin, Vollmar Friedrich, Ziegler Staphan: SOA Definition und Abgrenzung, http://www.soa-knowhow.de/index.php?id=45&txbccatsandauthors[catid]=11, Abrufdatum: 08.02.2009, Ausdruckdatum: 08.02.2009

Merkmal	Beschreibung
Lose Kopplung	Dienste können bei Bedarf zur Laufzeit gesucht und eingebunden werden. Die lose gekoppelten Dienste benötigen kein Wissen über die I mplementierungsdetails der anderen Dienste.
Prozessorientierung	Der Ablauf der Dienste läuft meist prozessorientiert ab. Die Steuerung kann durch Ereignisse und Interaktionen gesteuert werden.
Verzeichnisdienst	Der Verzeichnisdienst registriert und beschreibt die Dienste, damit können sie auch gefunden werden.
Verteiltheit	Die Dienste werden von verschiedenen Quellen (Servern) angeboten und werden dort auch ausgeführt.

Offene Standards	Die Beschreibung der Dienste beruht auf offene Standards, d.h. diese gewähren eine Kommunikation von Diensten verschiedener Dienstanbieter untereinander.
Dynamik	Die Dienste können zur Laufzeit über das Netzwerk gefunden und gebunden werden. Diese werden dynamisch lokalisiert und aufgerufen.
Automatisierung	Angelehnt an der Prozessorientierung laufen die Dienste und die zugrunde gelegten Prozesse meist automatisch ab.

Tabelle 1: Charakteristische Merkmale von serviceorientierten Architekturen

2.3 Prinzip und Aufbau von serviceorientierten Architekturen

Im vorangegangenen Abschnitt bin ich näher auf die Merkmale von serviceorientierte Architekturen eingegangen. Im folgenden Kapitel zeige ich den grundlegenden Aufbau von serviceorientierte Architekturen und das Prinzip, wie diese rein konzeptionell funktionieren. Anhand der unten stehenden Abbildung beschreibe ich die Komponenten und die Interaktionsschritte zwischen Servicenutzer, Serviceanbieter und Serviceverzeichnis.

Das Serviceverzeichnis verwaltet die angebotenen Dienste vom Serviceanbieter. Dazu publiziert und beschreibt dieser den Service und seine angebotenen Funktionalitäten mithilfe standardisierter Servicespezifikationen genannt. Im zweiten Schritt können potenzielle Servicenutzer, alle

6

angebotenen Dienste im Verzeichnis durchsuchen und erkunden. Dabei übermittelt das Serviceverzeichnis dem Servicebenutzer die Spezifikationen zu den Diensten (siehe dritter Schritt). Wenn der Nutzer

fündig geworden ist kann, erfolgt die Einbindung des Service. Bei dieser vierten Interaktion sind Servicenutzer und Serviceanbieter beteiligt. In der darauf folgenden Nutzungsphase, werden die Funktionalitäten des Dienstes vom Servicenutzer in Anspruch genommen. Diese bidirektionale Kommunikation beruht auf Nachrichtenaustausch.

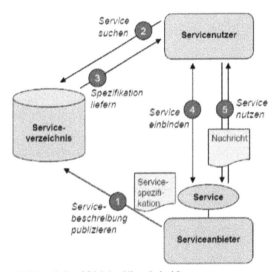

Abbildung 2: Das SOA-Interaktionsdreieck[8]

Dieser Unterpunkt über serviceorientierte Architekturen beendet das Kapitel von SOA. Darin habe ich eine Begriffsklärung vorgenommen und bin auf mehrere Definitionen eingegangen. Außerdem habe ich die Merkmale genannt und umschrieben. Anschließend habe ich die Basis von serviceorientierten Architekten anhand des Aufbaus und des Funktionsprinzips dargestellt und erläutert. Im nächsten Kapitel werde ich

auf eine der Implementierungsmöglichkeiten von SOA eingehen, den Webservices.

---

[8] 8 Aus: Heutschi Roger: Serviceorientierte Architekturen – Architekturprinzipien und Umsetzung in der Praxis, o.O. 2007, S. 29

3 Webservices

Im Vorfeld werde ich eine Begriffsklärung von Webservices vornehmen, dann auf die Merkmale übergehen und das Kapitel mit der Funktionsweise und Beschreibung der Komponenten von Webservices beenden.

3.1 Begriffsklärung und Definition

Zum Begriff Webservice gibt es eine reichliche Menge von Definition, die sich in vielen Aspekten sehr ähnlich sind. Diese Begriffsklärungen unterscheiden sich insofern, dass sie einmal mehr oder weniger auf betriebswirtschaftlichen Hintergrund oder technischen Hintergrund

beruhen. Im folgendem führe ich eine Definition aus einem Buch über Wirtschaftsinformatik auf, deren Autoren auf die technischen Details eingehen und schon die Bestandteile eines Webservice vorwegnehmen. Außerdem zitiere und erkläre ich eine englische Definition, die auf einem öffentlichen Standard beruht. Die letzte Begriffsklärung basiert auf betriebswirtschaftlichen Grundlagen und ist als Erklärung für Unternehmer relevant.

„Unter Web-Services (engl.: web service) versteht man lose gekoppelte, verteilte Dienste, die über Internet-basierte Protokolle und XMLNachrichten in einer service-orientierten Architektur veröffentlicht, lokalisiert und dynamisch aufgerufen werden können. Die drei Kernstandards von

Web Services sind SOAP (Abkürzung von engl.: simple object access protocol) für den Dienstaufruf, WSDL (Abkürzung von engl.: web service description language) zur Dienstbeschreibung und UDDI (Abkürzung von engl.: universal description, discovery and integration) als

Verzeichnisdienst zum Ankündigen und Auffinden von Diensten."[9]

Hansen und Neumann beschreiben in dieser Definition die Merkmale, Aufgaben und Kernstandards von Webservices. Dabei orientieren sie sich an technische Begriffen und Standards. In dieser Definition werden grundsätzliche Aussagen über Webservices genannt:

- Webservices sind Dienste, die dynamisch, d.h. zur Laufzeit aufgerufen werden können.

- Diese beruhen auf anerkannten und standardisierten Protokollen und Techniken.

- Webservices sind eigenständige Einheiten, die spezielle Funktionen

---

[9] Hansen Robert Hans, Neumann Gustaf: Wirtschaftsinformatik 2 –Informationstechnik, 9., neu bearbeitete Auflage, Stuttgart 2005, Seite 802

anbieten und mit anderen Webservices gekoppelt werden können.

Das World Wide Web Consortium (W3C)[10] ist eine Plattform für Standards und Normen zum Internet. Es beschreibt unter anderem Webservices und deren Technik. Demnach wird ein Webservice als Softwareanwendung beschrieben, der durch einen eindeutigen Dienstname identifiziert wird und dessen Schnittstellen und Funktionen auf Basis der Extensible Markup Language (Abkürzung XML) definiert werden und funktionieren. Außerdem unterstützt der Webservice direkte Kooperationen mit anderen Softwareagenten auf Basis von XML und der internetbasierten Protokolle. Austin, Barbir, Ferris und Garg sind die Autoren dieser englischsprachigen Definition.

"A Web service is a software application identified by a URI, whose interfaces and bindings are capable of being defined, described, and discovered as XML artifacts. A Web service supports direct interactions with other software agents using XML based messages exchanged via internet-based protocols."[11]

Aus betriebswirtschaftlicher Sicht gibt es ebenso eine reichliche Anzahl von Definitionen für den Begriff Webservice. Im folgenden Abschnitt führe ich eine Definition aus einem AKAD-Lernheft auf. In dieser wird weniger auf technische Details und mehr auf den betriebswirtschaftlichen Sprachgebrauch wertgelegt.

„Als Web Service wird eine zusammengehörende Menge von vermarktbaren Diensten bezeichnet, die über das World Wide Web einem autorisierten Nutzerkreis unter Verwendung standardisierter Kommunikationsprotokolle über wohldefinierte Schnittstellen angeboten werden. Web Services umfassen Schnittstellenbeschreibungen der von ihnen angebotenen Dienste, die in einer standardisierten Beschreibungssprache verfasst sind. Implementierungsdetails bleiben dem Nutzer verborgen" [12]Aus dieser Definition lassen sich wichtige Aussagen über Webservices ableiten.

• Webservices nutzen standardisierte Dienste und Schnittstellenbeschreibungen.

• Diese Dienste werden über das Internet dem Nutzer angeboten.

• Beim Gebrauch von Webservices ist kein Wissen über die Implementierungsdetails nötig.

---

[10] Siehe auch: World Wide Web Consortium, http://www.w3.org/
[11] Austin Daniel, Barbir Abbie, Ferris Christopher, Garg Sharad: Web Service Architecture Requirements, o.O. 2002, http://www.w3.org/TR/2002/WD-wsa-reqs-20021011, Abrufdatum: 07.02.2009, Ausdruckdatum: 07.02.2009
[12] 12 Zaha Maria Johannes, Turowski Klaus: WEB02: Technologie des Web-Business, o.O. 2002, S. 41

Anhand dieser drei Definitionen habe ich den Begriff aus technischer und betriebswirtschaftlicher Sicht beschrieben. Darauf aufbauend lassen sich charakteristische Merkmale ableiten. Diese zeige und beschreibe ich im nächsten Kapitel.

3.2 Merkmale von Webservices

Die charakteristischen Merkmale von Webservices überschneiden sich teils mit den Merkmalen von serviceorientierten Architekturen. Dies ist nicht verwunderlich, da die Webservices eine Art der Implementierung und technischen Umsetzung von serviceorientierten Architekturen sind. In der unten stehenden Tabelle zeige und beschreibe ich die charakteristischen Merkmale von Webservices.[13]

Merkmal	Beschreibung
Selbstbeschreibende Softwaremodule	Standardisierte Beschreibungen geben Auskunft über Funktion, Input und Output.
Kapseln spezifische Funktionen und sind lose gekoppelt	Webservices sind über standardisierte Schnittstellen aufrufbar und verbergen Implementierungsdetails.
Anerkannte Internet-Protokolle und Standards kommen zum Einsatz	Webservices basieren auf TCP/IP, http, XML, WSDL, UDDI und SOAP
Klare Aufgabe	D.h. diese übernehmen klare abgrenzbare Aufgaben aus einem Geschäftsprozess.
Automatisierung und Standardisierung	Webservices beruhen auf offene und anerkannten Standards und Normen und laufen größtenteils automatisch ohne Fremdeinwirkung ab.
Eindeutiger Dienstname	Der Uniform Resource Identifier (URI) identifiziert einen Webservice eindeutig.

---

[13] Vgl. Alt Rainer, Heutschi Roger, Österle Hubert: Webservice – Hype oder Lösung? Outtasking statt Outsourcing von Geschäftsprozessen, in: new management, Nr. 1-2 2003, S. 66

Wiederverwendbarkeit	Webservices können nach der Entwicklung einzeln oder gemeinsam Leistungen erbringen.

Tabelle 2: Charakteristische Merkmale von Webservices

3.3 Architektur und Funktionsweise von Webservices

Webservices sind so konzipiert, dass diese auf standardisierte Internetdienste, -protokolle und Technologien basieren. Die grundlegende

Webservice-Architektur benutzt folgende wesentliche Basistechnologien und grundlegende I nternetdienste und -protokolle.[14]

- Basistechnologien
  o XML (Extensible Markup Language)
  o SOAP (Simple Object Access Protocol)
  o WSDL (Web Service Description Language)
  o UDDI (Universal Description, Discovery and Integration)
- Internetdienste und -protokolle
  o HTTP (Hypertext Transfer Protocol)
  o FTP (File Transfer Protocol)
    o TCP/IP (Transmission Control Protocol / Internet Protocol). Webservices sind eine Möglichkeit der Implementierung von serviceorientierten Architekturen. Deswegen kommen die oben

beschriebenen Webservicedienste, -protokolle und –technologien in der SOA zum Einsatz. Die bereits gezeigte Abbildung 2 zum SOAInteraktionsdreieck bietet eine optimale Grundlage zur Einordnung der Dienste, Protokolle und Technologien von Webservices. Die unten gezeigte Abbildung habe ich zu diesem Zweck modifiziert und ist als Anlehnung an Abbildung 2 zu sehen.

---

[14]Vgl. Rebstock Michael, Lipp Michael: Webservices zur Integration interaktiver elektronischer Verhandlungen in elektronische Marktplätze, in: WIRTSCHAFTSINFORMATIK, Nr. 45 2003, S. 295

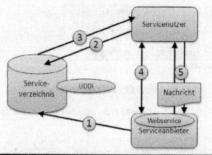

Schritt	Technologie	Beschreibung
1	WSDL	Webservicebeschreibung liefern
2	WSDL	Webservice im UDDI-Verzeichnis suchen
3	WSDL	Webservicespezifikation liefern
4	SOAP	Webservice binden
5	SOAP	Webservice nutzen

Abbildung 3: Webservicearchitektur und -funktionsweise[15]

Mithilfe der Web Service Description Language laufen die Interaktionsschritte eins bis drei ab. Es beginnt mit der Bereitstellung der Dienstbeschreibung vom Dienstanbieter für das Dienstverzeichnis. Diese registriert und verwaltet Webservices mit dem Protokoll Universal Description, Discovery and Integration. Daraufhin stellen potenzielle Servicenutzer Suchanfragen an das Dienstverzeichnis. Diese Suchanfragen basieren ebenfalls auf dem WSDL Standard. Das Verzeichnis liefert als Ergebnis die Spezifikationen zu den angefragten Diensten. Wenn der Dienstnutzer einen Webservice gefunden hat, der seine Anforderungen erfüllt, wird zwischen Nutzer und Anbieter der Dienst gebunden. Dabei kommt das Simple Object Access Protocol zum Einsatz.

Der daraufhin stattfindende Nachrichtenaustausch basiert ebenso auf dem SOAP Protokoll. Den Kommunikationen via WSDL, UDDI und SOAP liegen

die Protokollfamilie TCP/IP und dessen Anwendungen zugrunde. Der Datenaustausch mithilfe WSDL, UDDI und SOAP beruht auf dem XML Standard. Diese Auszeichnungssprache ist standardisiert und dient zum

Austausch von Daten zwischen Computersystemen über das Internet.

---

[15] 15 In Anlehnung an: Heutschi Roger: Serviceorientierte Architekturen – Architekturprinzipien und Umsetzung in der Praxis, o.O. 2007, S. 29

4 Fazit und Ausblick

Abschließend nehme ich ein Fazit vor und gebe einen Ausblick auf die Zukunft von serviceorientierten Architekturen und Webservices.

Die zentralen Fragestellungen des Referats lauteten:
- Was sind serviceorientierte Architekturen und Webservices?
- Wie kann man diese anhand von Merkmale charakterisieren?
- Wie ist deren Aufbau und Funktionsweise?

Die Vorgehensweise der Arbeit habe ich nach dem Grundsatz vom Allgemeinen zum Besonderen gewählt. Demnach bin ich zuerst auf das Konzept der serviceorientierten Architekturen eingegangen und danach habe ich die Implementierungsmöglichkeit mit Webservices beschrieben. Mithilfe von Literaturrecherche habe ich wesentliche theoretische Kenntnisse über die beiden Themen erlangt, die ich mit in die Arbeit einfließen lies. Damit konnte ich die an meine Arbeit gestellten Fragestellungen beantworten.

Die SOA-Welle wird laut Gernot Schäfer weiter abebben. In seinem Artikel über die Grenzen von serviceorientierte Architekturen führt er dies auf dauerhaft zu hohe Investitionskosten zurück. Übrig bleiben werden wirtschaftlich sinnvolle SOA-Szenarien, die ein ausgewogenes NutzenAufwand-Verhältnis besitzen. Ein ernst zu nehmender Konkurrent von SOA werden Anwendungsplattformen, die SaaS-Anbietermärkte (Software as a Service) unterstützen.[16]

---

[16]Schäfer   Gernot: Wo   SOA   an   seine   Grenzen   stößt,   o.O.   2009,
http://www.computerwoche.de/knowledgecenter/itstrategie/1884736/index5.html, Abrufdatum: 14.02.2009, Ausdruckdatum: 14.02.2009

Literaturverzeichnis

Abramowicz Witold, Eymann Torsten: Serviceorientierte Architekturen und Webservices, in: Wirtschaftsinformatik, hrsg. von Buhl Ulrich Hans, König Wolfgang, 50. Jg., Januar 2009

Alt Rainer, Heutschi Roger, Österle Hubert: Webservice – Hype oder Lösung? Outtasking statt Outsourcing von Geschäftsprozessen, in: new management, Nr. 1-2 2003

Hansen Robert Hans, Neumann Gustaf: Wirtschaftsinformatik 2 – Informationstechnik, 9., neu bearbeitete Auflage, Stuttgart 2005

Heutschi Roger: Serviceorientierte Architekturen – Architekturprinzipien und Umsetzung in der Praxis, o.O. 2007 ‾‾‾‾

Rebstock Michael, Lipp Michael: Webservices zur Integration interaktiver elektronischer Verhandlungen in elektronische Marktplätze, in: WIRTSCHAFTSINFORMATIK, Nr. 45 2003

Zaha Maria Johannes, Turowski Klaus: WEB02: Technologie des Web- Business, o.O. 2002

Quellenverzeichnis

Austin Daniel, Barbir Abbie, Ferris Christopher, Garg Sharad: Web Service Architecture Requirements, o.O. 2002, http://www.w3.org/TR/2002/WD-wsa-reqs-20021011, Abruf datum: 07.02.2009, Ausdruckdatum: 07.02.2009

Beckert Sebastian, Moser Joachim, Sondermann Karin, Vollmar Friedrich, Ziegler Staphan: SOA Definition und Abgrenzung, http://www.soa-know-how.de/index.php?id=45&txbccatsandauthors[catid]=11, Abrufdatum: 08.02.2009, Ausdruckdatum: 08.02.2009

Eilers Markus: SOA (Serviceorientierte Architektur), o.O 2006, http://www.it-xg.com/cms/fileadmin/assets/download/itxsoa2006-10- 18.pdf, Abrufdatum: 07.02.2009, Ausdruckdatum: 07.02.2009

Martin Wolfgang, Repp Nicolas, Fritsch Werner: SOA etabliert sich, o.O. 2008, http://www.informationweek.de/soa/showArticle.jhtml?articleID=212101143 &pgno=1, Abruf datum: 07.02.2009, Ausdruckdatum: 07.02.2009

Schäfer Gernot: Wo SOA an seine Grenzen stößt, o.O. 2009, http://www.computerwoche.de/knowledgecenter/itstrategie/1884736/inde x5.html, Abruf datum: 14.02.2009, Ausdruckdatum: 14.02.2009

SOA, http://www2.informationweek.de/soa/

Sondermann Karin, Ott Felix, Vollmar Friedrich: Nutzen und Notwendigkeit, http://soa-know-how.de/index.php?id=45&txbccatsandauthors[catid]=14, Abruf datum: 07.02.2009, Ausdruckdatum: 07.02.2009

World Wide Web Consortium, http://www.w3.org/